Jon Kabat-Zinn

108 Momente der Achtsamkeit

Auszüge aus *Zur Besinnung kommen*
Zusammengestellt von Hor Tuck Loon
und Jon Kabat-Zinn

arbor
Arbor Verlag GmbH
Freiamt im Schwarzwald

Titel der amerikanischen Originalausgabe: *Arriving at your own door*

2. Auflage 2013

Titelfoto: © 2009 Gerti G. | photocase.com
Lektorat: Dr. Richard Reschika
Übersetzung: Claudia Seele-Nyima
Gestaltung: Anke Brodersen
Druck und Bindung: Kösel, Krugzell

Dieses Buch wurde auf 100 % Altpapier gedruckt und ist alterungsbeständig.
Weitere Informationen über unser Umweltengagement
finden Sie unter www.arbor-verlag.de/umwelt.

www.arbor-verlag.de

ISBN 978-3-936855-68-5

Vorwort

Häufig ertappe ich mich bei dem Gefühl, dass der Sprache spezifische, ihr innewohnende Grenzen gesetzt sind, die mich in meinem Drang hemmen, Gefühlen, gelegentlichen Gedanken und Einsichten, mit einem Wort: meiner Erfahrung vollständig Ausdruck zu verleihen. Worte können nicht – und werden wahrscheinlich auch niemals – den Reichtum des Lebens ersetzen, ganz gleich, wie redegewandt oder geschickt sie geäußert werden. Angeblich haben Meditationslehrer in der Vergangenheit manchmal ihr Wissen durch geistige Gedankenübertragung an ihre Schüler übermittelt, um Fehlinterpretationen zu vermeiden. Nur ganz wenigen ist es gelungen, das Wesentliche ihrer Botschaft schriftlich zu erfassen.

Jon Kabat-Zinns *Zur Besinnung kommen* ist ein solches Schriftzeugnis. Jon hat offenbar die Gabe, die Worte unmittelbar in unser Herz fallen zu lassen, wo sie widerhallen und unser Sein und unser Wohlbefinden verstärken können. Jedes Thema, das er anspricht, deutet einen tief gehenden Sinn, eine tief gehende Sichtweise unserer persönlichen Reise an, die wir zuvor vielleicht nicht so deutlich oder so überzeugend empfunden bzw. geäußert haben – noch nicht einmal uns selbst gegenüber. Ein Beispiel ist der Ausdruck „Achtsamkeit des Herzens“, der in Jons Sprache gleichbedeutend ist mit „Achtsamkeit“ und der neue und erweiterte Wege eröffnen kann, Frieden im eigenen Leben und in der Welt zu verstehen und zu erfahren.

Jons Werk sollte langsam genossen werden, wie in der Kunst der Teezeremonie. Es sollte in jedem Aspekt ausgekostet werden: im Hier und Jetzt, wie die Achtsamkeit es uns lehrt. In

Momenten der Muße und des Nicht-Urteilens, befreit – und sei es auch nur kurz – von den ausgefahrenen Gleisen des gewohnten Denkens, kann die Wahrheit in seiner Sprache und das, worauf sie hinweist, unser Herz berühren. In Momenten der Stille und der ruhigen Selbstbeobachtung verleiht die Weisheit, die in seinen Worten enthalten ist und ihnen zugrunde liegt, der Welt Sinn und Hoffnung.

Ohne Jons redaktionellen Überblick und seine Disziplin hätte dieses kleine Buch letztendlich 300 längere Zitate enthalten, die ich gewissenhaft während der Lektüre von *Zur Besinnung kommen* gesammelt habe. Ich hätte sie so, wie sie waren, beibehalten, denn meiner Meinung nach waren sie für viele von großem Nutzen. Ich bin jedoch sicher, sobald Sie dieses starke Destillat des gesamten Buches in den Händen halten, wird Ihr Herz Sie ausnahmslos und ohne weiteres Nachdenken dazu bringen, achtsam und gespannt die vollständige Version von *Zur Besinnung kommen* von Grund auf zu erforschen. Mein äußerster Respekt und meine Dankbarkeit gelten Jon und auch Zareen Jaffery von Hyperion für ihre leidenschaftliche Arbeit.

Hor Tuck Loon

An der eigenen Tür ankommen

Die Zeit wird kommen,
da du voller Überschwang
dich selbst als Ankömmling
an deiner eigenen Tür begrüßen wirst,
in deinem eigenen Spiegel,
und beide werden lächeln
zum Willkommensgruß des anderen

und sagen: Setz dich her. Iss.
Erneut wirst du den Fremden lieben,
der dein Selbst gewesen ist.
Gib Wein. Gib Brot. Gib dein Herz
an sich selbst zurück, dem Fremden,
der dich geliebt hat

dein ganzes Leben lang, den du
um eines anderen willen ignoriert hast,
der dich in- und auswendig kennt.
Hole die Liebesbriefe aus dem Schrank,

die Fotos, die verzweifelten Botschaften,
löse dein eigenes Bild von deinem Spiegel ab.
Setz dich. Lass dir dein Leben schmecken.

Derek Walcott, „Love after Love"[1]

1 Zit. n. Jon Kabat-Zinn: *Zur Besinnung kommen*. Freiamt: Arbor, 2006, S. 518.

Momente der Achtsamkeit

1

Sich anfreunden

Achtsamkeit ist von Augenblick zu Augenblick gegenwärtiges, nicht urteilendes Gewahrsein, kultiviert dadurch, dass wir aufmerksam sind. Achtsamkeit entspringt dem Leben ganz natürlich. Sie kann durch Praxis gefestigt werden. Diese Praxis wird manchmal Meditation genannt. Doch Meditation ist nicht das, was Sie denken.

In der Meditation geht es grundsätzlich darum, aufmerksam zu sein, und die einzige Art und Weise, wie wir aufmerksam sein können, ist mittels unserer Sinne – aller Sinne, einschließlich des Geistes. Achtsamkeit ist ein Weg, wie wir uns mit uns selbst und unserer Erfahrung anfreunden können. Natürlich ist unsere Erfahrung sehr umfassend. Sie schließt unseren Körper, unseren Geist, unser Herz und die ganze Welt mit ein.

2

Achtsamkeit des Herzens

In manchen asiatischen Sprachen, in denen buddhistische Texte aufgezeichnet wurden, ist das Wort für *Geist* und das Wort für *Herz* dasselbe. Wenn wir also das Wort *Achtsamkeit* hören, müssen wir innerlich auch Achtsamkeit des Herzens hören, damit wir sie überhaupt als Konzept und insbesondere als eine Art zu sein erfassen können.

3

Beweggründe

Viele Menschen zieht es zunächst zur Praxis der Achtsamkeit, weil sie unter Stress oder Schmerz der einen oder anderen Art leiden und mit Elementen ihres Lebens unzufrieden sind, bei denen sie das unbestimmte Gefühl haben, sie könnten durch sanften Einsatz direkter Beobachtung, durch Nachforschen und Mitgefühl mit sich selbst wieder zurechtgebogen werden. Stress und Schmerz werden so zu potentiell wertvollen Toren, zu motivierenden Faktoren, durch die wir Zugang zur Praxis finden.

4

Aufmerksam sein

Der Beschreibung eines Gelehrten zufolge ist Achtsamkeit ein „zuverlässiger Zentralschlüssel zum Erkennen des Geistes und somit der Ausgangspunkt; das perfekte Hilfsmittel zum Formen des Geistes und somit der Brennpunkt; die erhabene Manifestation der erlangten Freiheit des Geistes und somit der Höhepunkt“. Nicht schlecht für etwas, das im Grunde auf Aufmerksamsein hinausläuft.

5

Universell

Achtsamkeit ist als das *Herz der buddhistischen Meditation* bezeichnet worden. Es ist jedoch nichts spezifisch Buddhistisches an der Aufmerksamkeit oder am Gewahrsein. Die Essenz der Achtsamkeit ist wahrhaftig universell. Sie hat mehr mit der Natur des menschlichen Geistes zu tun als mit Ideologie, Glaubensüberzeugungen oder Kultur. Sie hat mehr zu tun mit unserer Fähigkeit, zu wissen, mit dem, was *Empfindungsvermögen* genannt wird, als mit einer speziellen Religion, Philosophie oder Weltsicht.

6

Festgefügte Vorstellungen über sich selbst

Der Buddha hat einmal gesagt, die Kernaussage all seiner Lehren ließe sich in einem Satz zusammenfassen. Für den Fall, dass es sich wirklich so verhält, ist es vielleicht keine schlechte Idee, sich diesen Satz einzuprägen. Man weiß nie, wann er sich als nützlich erweisen, wann er für uns Sinn ergeben könnte, selbst wenn es im vorangegangenen Moment noch nicht so schien.

Der Satz lautet: „*Man soll an nichts im Sinne von ‚ich', ‚mich' oder ‚mein' festhalten.*" Mit anderen Worten: Keinerlei Anhaften – insbesondere nicht an festgefügten Vorstellungen über uns und darüber, wer wir sind.

7

Achtsamkeit ist Achtsamkeit

Wird Achtsamkeit absichtlich kultiviert, bezeichnet man sie mitunter als willentliche Achtsamkeit. Ist sie uns spontan zugänglich, wie es immer häufiger vorkommt, wenn sie absichtlich kultiviert wird, nennt man sie manchmal mühelose Achtsamkeit. Letztendlich ist Achtsamkeit jedoch einfach Achtsamkeit, wie auch immer wir zu ihr gelangen.

8

Achtsam oder achtlos?

In jedem gegebenen Moment praktizieren wir entweder Achtsamkeit oder wir praktizieren de facto Achtlosigkeit. Wenn man es so darstellt, wollen wir vielleicht etwas mehr Verantwortung dafür übernehmen, wie wir der Welt innerlich und äußerlich, in jedem beliebigen Augenblick gegenübertreten.

Wir sorgen am besten für die Zukunft,
indem wir jetzt für die Gegenwart sorgen.

9

Meditation

Meditation ist eine Art zu sein, keine Technik.

Bei der Meditation geht es nicht um den Versuch, irgendwo hinzugelangen. Es geht darum, dass wir uns selbst erlauben, genau dort zu sein, wo wir sind, und genau so zu sein, wie wir sind, und desgleichen der Welt zu erlauben, genau so zu sein, wie sie in diesem Augenblick ist.

10

Die Welt verändern

Das soll nicht heißen, unser Bestreben, einen positiven Wandel zu bewirken, es anders zu machen, unser Leben und das Schicksal der Welt zu verbessern, sei unangebracht – das alles sind durchaus reale Möglichkeiten. Doch ganz einfach dadurch, dass wir uns hinsetzen und still sind, *können* wir uns selbst und die Welt *tatsächlich* verändern. Im Grunde haben wir es dadurch, dass wir uns hingesetzt haben und still geworden sind, auf geringfügige, aber nicht unbedeutende Weise bereits getan.

11

Sich selbst nicht im Weg stehen

Das Paradoxe ist jedoch, dass wir uns selbst oder die Welt nur ändern können, wenn wir uns selbst einen Moment lang nicht mehr im Weg stehen, uns hingeben und vertrauensvoll die Dinge so sein lassen, wie sie schon sind, ohne nach irgendetwas zu streben.

12

Nichts braucht zu geschehen

Das Erstaunliche, der Intuition so sehr Zuwiderlaufende ist, dass nichts weiter zu geschehen braucht. Wir können davon ablassen, etwas Besonderes herbeiführen zu wollen. Indem wir den Wunsch loslassen, etwas Besonderes solle geschehen, wird uns vielleicht klar, dass etwas ganz Besonderes bereits geschieht und immer geschieht – nämlich, dass sich unser Leben in jedem Moment in Gewahrsein entfaltet.

13

Ein radikaler Akt

Mehr als alles andere betrachte ich Meditation inzwischen als einen radikalen Akt der Liebe, eine innerliche Geste des Wohlwollens und der Güte uns selbst und anderen gegenüber, eine Geste des Herzens, die unsere Vollkommenheit selbst in unserer offensichtlichen Unvollkommenheit anerkennt, mit all unseren Mängeln, unseren Wunden, unserem Anhaften, unserem Verdruss und unseren hartnäckigen Gewohnheiten der Unbewusstheit.

14

Sich selbst gefangen nehmen

Jeden Moment, in dem sich etwas unserer bemächtigt – Verlangen, eine Emotion, ein unhinterfragter Impuls oder eine unhinterfragte Vorstellung oder Meinung –, werden wir ganz real augenblicklich gefangen genommen von der gewohnheitsmäßigen Art und Weise, wie wir reagieren, sei es die Gewohnheit, uns zurückzuziehen und zu distanzieren, wie in Depression oder Traurigkeit, sei es, dass wir aufbrausen und emotional von unseren Gefühlen mitgerissen werden, beispielsweise, wenn wir kopfüber in Angst oder Zorn verfallen. Solche Momente gehen immer mit einer Anspannung sowohl im Geist als auch im Körper einher.

15
Übung macht den Meister

Jedes Mal, wenn wir in Zorn geraten, werden wir besser darin, zornig zu sein, und verstärken die Zorn-Gewohnheit. Wenn es ganz schlimm kommt, sagen wir, wir sehen rot, was bedeutet, dass wir nicht genau sehen, was überhaupt passiert, und daher könnten wir sagen, wir hätten in diesem Moment den Verstand „verloren". Jedes Mal, wenn wir ausschließlich mit uns selbst beschäftigt sind, werden wir besser darin, ausschließlich mit uns selbst beschäftigt zu sein und unbewusst zu werden. Jedes Mal, wenn wir in Angst geraten, werden wir besser im Angstvollsein. Übung macht wirklich den Meister.

Wie der heilige Franz von Assisi gesagt hat:
„Das, was du suchst, ist das, was sucht.“

16

Kontaktpunkt

Ebenso wie ein Paar Schuhe uns davor schützt, uns die Zehen zu stoßen, so vermag Achtsamkeit uns und anderen viel Leid zu ersparen, wenn sie an dem Punkt angewandt wird, wo wir mit etwas, das im Geist oder im Körper auftaucht, mit einem Ereignis, das uns zustößt, sei es bedrohlich oder verführerisch, in Kontakt kommen.

17

Ungelebte Momente

Jeder versäumte Augenblick ist ein ungelebter Augenblick. Jeder versäumte Augenblick macht es wahrscheinlicher, dass ich auch den folgenden Augenblick versäumen und ihn eingekapselt in achtlose Gewohnheiten automatischer Reaktionen durchleben werde, statt ihn in Gewahrsein, durch Gewahrsein und aus ihm heraus zu leben.

18

Zu Hause

Gegenwärtig zu sein ist durchaus kein Kinderspiel. Es ist vielleicht die härteste Arbeit auf der Welt. Oder vergessen Sie lieber das „vielleicht“: Es *ist* die härteste Arbeit auf der ganzen Welt – zumindest das Aufrechterhalten der Gegenwärtigkeit. Und es ist die wichtigste Arbeit. Wenn Sie tatsächlich Gegenwärtigkeit erreicht haben, wissen Sie es sofort, fühlen sich sofort zu Hause. Und weil Sie zu Hause sind, können Sie loslassen, geschehen lassen, in Ihrem Sein ruhen, im Gewahrsein ruhen, in Gegenwärtigkeit selbst, in Ihrer eigenen guten Gesellschaft.

19

Von ganzem Herzen

Das Leben ist überaus interessant, aufschlussreich und ehrfurchtgebietend, wenn wir uns von ganzem Herzen darauf einlassen und auf die Einzelheiten achten.

*Unser Gewahrsein ist ein sehr großer Raum,
um darin zu verweilen.*

20

Schmerz

Wenn wir inmitten von Schmerz zu reinem Gewahrsein übergehen, und sei es nur für einen ganz winzigen Moment, wird sich unsere Beziehung zu unserem Schmerz genau in diesem Moment zum Richtigen hin verändern. Es ist ihr unmöglich, sich nicht zu ändern, weil die Geste, sie im Gewahrsein zu halten, selbst wenn es nur ein oder zwei Sekunden lang aufrechterhalten wird, bereits ihre größere Dimensionalität offenbart. Und diese Veränderung in unserer Beziehung zur Erfahrung erweitert die Freiheit unserer Einstellung und unserer Handlungen in einer gegebenen Situation – welcher auch immer – um einige Grade … selbst wenn wir nicht wissen, was wir tun sollen.

21

Jenseits des Denkens

Nicht zu wissen ist in seiner Art auch ein Wissen, wenn das Nicht-Wissen selbst in Gewahrsein umarmt wird. Es klingt seltsam, ich weiß, aber mit kontinuierlicher Praxis ergibt es vielleicht für Sie einen ganz realen Sinn, intuitiv, aus dem Bauch heraus, weitaus tiefer als das Denken.

22

Irgendein Moment

In irgendeinem Moment in Gewahrsein zu verweilen bedeutet, dass wir uns selbst all unseren Sinnen überantworten, in Kontakt mit inneren und äußeren Landschaften als einem nahtlosen Ganzen und somit in Kontakt mit dem Leben als Ganzem, das sich in seiner Fülle in jedem Moment und überall entfaltet, wo auch immer wir uns innerlich und äußerlich befinden mögen.

23

Transformation und Heilung

Gewahrsein verringert vielleicht nicht in jeder Situation das ungeheure Ausmaß unseres Schmerzes. Es sorgt jedoch für ein größeres Behältnis, um unser Leid in jeglichen Umständen liebevoll aufzunehmen und auf das Vertrauteste zu kennen; und das wiederum erweist sich als transformativ – und heilsam.

24

Autopilot

Unsere Aufmerksamkeit setzen wir so selektiv und willkürlich ein, dass wir häufig nicht sehen, was sich unmittelbar vor unseren Augen befindet, oder sogar Geräusche überhören, die durch die Luft zu uns getragen werden und deutlich an unsere Ohren dringen. Dasselbe gilt sicherlich auch für unsere anderen Sinne. Vielleicht haben Sie das auch schon bemerkt.

25

Kein Kontakt

Es ist so leicht, zu sehen, ohne wahrzunehmen, zu lauschen, ohne zu hören, zu essen, ohne zu schmecken, den Duft der feuchten Erde nach einem Regenschauer nicht wahrzunehmen, ja sogar andere zu berühren, ohne die Gefühle zu kennen, die wir aussenden und empfangen. Und tatsächlich bezeichnen wir diese ganz alltäglichen Beispiele, etwas zu versäumen, was wir hier spüren oder wahrnehmen könnten – sei es mit unseren Augen, unseren Ohren oder unseren anderen Sinnen – als etwas, zu dem wir keinen Kontakt haben.

26
Wirklich hier

Gewöhnlich sehen wir, was wir sehen wollen, und nicht, was wir tatsächlich vor Augen haben. Wir blicken umher, nehmen aber das Gesehene möglicherweise überhaupt nicht wahr oder erfassen es nicht. Vielleicht sollten wir unser Sehen „einstellen", so wie wir ein Musikinstrument stimmen würden, um es präziser und feiner zu regulieren und seinen Tonumfang zu erhöhen. Dahinter stünde das Ziel, die Dinge so zu sehen, wie sie wirklich sind, und nicht so, wie wir sie gerne hätten oder wie sie gemäß unseren Befürchtungen sein könnten; nicht so, dass wir nur das sehen und fühlen, was unserer gesellschaftlichen Konditionierung entspricht.

27

Vertrautheit kultivieren

Auf die eine oder andere Weise verschleiert unser Geist häufig unsere Fähigkeit, klar zu sehen. Darum müssen wir uns selbst darin üben, den äußeren Anschein der Dinge zu durchschauen oder dahinter zu blicken, wenn wir das Leben voll in den Griff bekommen wollen. Wir müssen Vertrautheit mit dem Strom unseres eigenen Denkens kultivieren, das alles im Bereich der Sinne färbt, wenn wir unsere inneren und äußeren Landschaften einschließlich allem, was in ihnen vor sich geht, wahrnehmen wollen, und zwar in dem Maße, dass sie in ihrer Wirklichkeit erkannt werden können, so wie sie wirklich sind.

28

Sich zuwenden

Die vollständige Katastrophe der menschlichen Situation anzunehmen ist Teil dessen, zu unserem Leben zu erwachen und das Leben zu leben, das zu leben uns bestimmt ist. Teilweise bringt dies mit sich, nicht zuzulassen, dass das Unwohlsein und das *Duhkha* (Leiden), wie grob oder subtil auch immer, unbemerkt und unbenannt bleiben. Es bedeutet, bereit zu sein, sich allem, was in unserer Erfahrung aufkommt, zuzuwenden und damit zu arbeiten, in dem Wissen oder im Vertrauen darauf, dass es bearbeitet werden kann, besonders dann, wenn wir bereit sind, eine gewisse Art von Arbeit selbst zu tun: die Arbeit des Gewahrseins.

29

Rund um die Uhr in Kontakt stehen

Mit unseren Handys und elektronischen Organizern sind wir inzwischen in der Lage, mit allem und jedem jederzeit in Kontakt zu treten. In diesem Prozess laufen wir Gefahr, niemals in Kontakt mit uns selbst zu sein.

Es ist in der Tat ein radikaler Akt der Liebe,
sich einfach hinzusetzen, allein,
und eine Weile still zu sein.

30

Momente zwischendurch

Wie wäre es, in unseren „Momenten zwischendurch“ nicht mit irgendjemandem in Kontakt zu treten? Wie wäre es, wenn wir uns klarmachten, dass es eigentlich gar keine Momente zwischendurch gibt? Wie wäre es, mit der Person an diesem Ende der Leitung in Kontakt zu sein, nicht mit der am anderen Ende? Wie wäre es, zur Abwechslung einmal uns selbst anzurufen und zu sehen, wie es mit uns steht? Wie wäre es, in Kontakt mit unseren Gefühlen zu sein, selbst in solchen Momenten, in denen wir uns vielleicht lethargisch, überwältigt, gelangweilt, zerrissen, ängstlich oder deprimiert fühlen oder meinen, unbedingt noch eine weitere Angelegenheit erledigen zu müssen?

31

Unbegrenztes Gewahrsein

Gewahrsein ist grundsätzlich nicht begrifflich; es ist dem Denken, das die Erfahrung in Subjekt und Objekt spaltet, vorgelagert. Es ist leer und kann daher alles beinhalten, einschließlich des Denkens. Es ist grenzenlos. Und erstaunlicherweise ist es an sich wissend.

32

Jemand oder niemand?

Was meinen wir eigentlich, *wer* wir sind? Und was meinen wir eigentlich, *was* wir sind? Wir drücken uns davor, unsere Intelligenz vollständig einzubringen, um solche Fragen tief gehend zu erforschen, obwohl sie am wichtigsten sind. Wenn wir uns für einen *Jemand* halten, ganz gleich, wer wir sind, liegen wir falsch. Und wenn wir glauben, wir seien ein *Niemand*, liegen wir ebenso falsch. Vielleicht ist unser Denken selbst hier das Problem.

33

Eine große Fehleinschätzung

Wir müssen vor allem auf unsere Beziehung zu den Personalpronomen achten. Andernfalls werden wir automatisch Dinge persönlich nehmen, obwohl sie überhaupt nicht so gemeint sind, und im Verlauf dessen werden wir das, was tatsächlich ist, nicht verstehen oder falsch auffassen.

34

Traum-Realität

Wir haben uns darin verstrickt, an eine Traum-Realität zu glauben und in ihr zu leben, haben emotional in sie investiert und sind aufgrund unseres eigenen persönlichen Anhaftens an diesem Traum weder gewillt noch in der Lage, ihn zu durchschauen – besonders dann nicht, wenn es allem Anschein nach ein guter Traum ist.

35

Der Reichtum des Jetzt

Es gibt keine andere Zeit als das Jetzt. Im Gegensatz zu dem, was wir denken, „gehen“ wir nirgendwo hin. Es wird niemals in einem anderen Moment ein größerer Reichtum vorhanden sein als in diesem. Wir mögen uns zwar vorstellen, dass irgendein zukünftiger Moment angenehmer oder unangenehmer sein wird als dieser, aber wir können es eigentlich nicht wissen. Doch was immer die Zukunft bringen mag, es wird nicht das sein, was wir erwarten oder glauben, und wenn es sich einstellt, wird es ebenfalls jetzt sein. Es wird ebenfalls ein Moment sein, den wir leicht verpassen können, genauso leicht wie diesen Moment.

36

Wir sind bereits „geworden"

Jetzt ist schon die Zukunft und sie ist schon hier. Jetzt ist die Zukunft des gerade vergangenen vorhergehenden Moments und die Zukunft all jener Momente, die diesem vorausgingen. Blicken Sie einmal für einen Moment zurück auf Ihr Leben … Dieser „Jemand", der Sie in der Zukunft einmal zu werden hofften, das sind Sie! Genau hier. Genau jetzt. Das sind Sie. Gefällt er Ihnen nicht? Wem gefällt er nicht? Wer denkt dies überhaupt? Und wer will, dass „Sie" besser, irgendwie anders hätten werden sollen? Sind Sie *das* auch? Wachen Sie auf! Dies ist es. Sie sind bereits geworden.

Selbst der kürzeste Moment der Stille ist sowohl ein Weg, in die Gegenwart hineinzugelangen, als auch ein Weg, weiterzugehen.

37

Jeder Moment ist ein Scheideweg

Jeden Moment des Jetzt könnte man als einen Scheideweg bezeichnen. Wir wissen nicht, was als Nächstes geschieht. Der gegenwärtige Moment birgt Möglichkeiten und Potential in sich. Sind wir in diesem Moment präsent, beeinflusst das naturgemäß die Beschaffenheit des folgenden Moments. Wenn wir für die Zukunft sorgen wollen, können wir das nur, indem wir jeden Augenblick als Scheideweg erkennen und realisieren, dass die Art der Beziehung, in der wir zu ihm stehen, den gesamten

Unterschied in Bezug darauf ausmacht, wie die Welt und unser „wildes und kostbares Leben", wie Mary Oliver[2] es so herrlich formuliert, sich entfalten.

2 Mary Oliver, „The Summerday", in: J. Kabat-Zinn, *Zur Besinnung kommen*, S. 191. Übers. von Stephan Schumacher.

38

Sich geistig wieder ausrichten

Wir können im Sinn behalten und uns fortwährend daran erinnern – uns geistig wieder darauf ausrichten –, dass wir tatsächlich in der Lage sind, bei jedem beliebigen Objekt der Aufmerksamkeit im Gewahrsein zu verweilen, beim Atem, bei verschiedenen Körperaspekten wie Empfindungen und Wahrnehmungen, den Myriaden von Gedanken und Gefühlen, die unseren Geist durchströmen, oder in einem unermesslichen, grenzenlosen, unvoreingenommenen, offenen Gewahrsein jenseits allen Tuns, und das Wissen zu sein, das Gewahrsein ist.

39

Tun und sein

Aus diesem Wissen heraus können wir im gegenwärtigen Moment angemessen handeln, um dem Genüge zu tun – was auch immer es sei –, mit dem wir äußerlich oder innerlich konfrontiert werden.

Wir bezeichnen dies als unser Tun aus dem Sein hervorgehen zu lassen.

40

„Gewahr sein"

Manchmal verwende ich gewahr *sein* als Verb und nicht als Nomen. Ein Verb vermittelt eher die Bedeutung eines Prozesses, einer Erfahrung, die sich entfaltet und erkannt wird. Gewahr *sein* ist eine Kernfunktion unseres Geistes. Obwohl wir auf diesem Gebiet nicht mehr besonders in Form sind, da wir uns nicht systematisch darum gekümmert haben, birgt unser „gewahr *sein*" das Potential in sich, eine weitere Kernkapazität des Geistes auszubalancieren und zu regulieren, die ihrerseits sehr hoch entwickelt und nur zu oft regelrecht falsch oder unvollständig ist – nämlich unser Denken.

41

Stellung beziehen

Wenn wir von formeller Sitzmeditation sprechen, müssen wir verstehen, was sitzen *bedeutet*. Es bedeutet nicht einfach nur, dass wir irgendwie dasitzen. Es bedeutet, dass wir im gegenwärtigen Moment und in Beziehung zu ihm unseren Platz einnehmen. Es bedeutet, in unserem Leben Stellung zu beziehen, indem wir sitzen. Darum ist das Einnehmen und Aufrechterhalten einer Körperhaltung, die Würde verkörpert – was auch immer das jeweils für uns bedeutet –, das Wesentliche an der Sitzmeditation.

Können wir hier sein,
wo auch immer wir sind?

42

Reine Präsenz

Die Verkörperung von Würde, sowohl innerlich als auch äußerlich, spiegelt unmittelbar die Souveränität unseres Lebens wider und strahlt sie aus – dass wir sind, wer und was wir sind, jenseits aller Worte, Konzepte und Beschreibungen und jenseits dessen, was irgendjemand über uns denkt, ja sogar jenseits dessen, was *wir selbst* über uns denken. Es ist eine Würde, die sich nicht durchzusetzen braucht – sie strebt weder auf irgendetwas *zu*, noch weicht sie *vor* irgendetwas zurück – ein Ausbalancieren in reiner Präsenz.

43

Feld des Gewahrseins

Sobald wir unsere Sitzposition eingenommen haben, überlassen wir uns dem gegenwärtigen Moment. Wir können zwar jeden Teil unserer Erfahrung zum Mittelpunkt im Feld des Gewahrseins machen; ein guter Ort, um zu beginnen, ist jedoch der Körper … insbesondere die Empfindungen des Körpers, wie er dasitzt und atmet.

44

Den Atem spüren

Wir denken nicht an den Atem oder die Atemempfindungen, sondern wir spüren den Atem, reiten auf den Wellen des Atems wie ein Blatt auf einem Teich oder als würden wir auf einem Schlauchboot auf den sanften Wellen eines Ozeans oder eines Sees dahintreiben; so *spüren* wir die Atemempfindungen Moment für Moment für Moment.

45

Sich erinnern

Sobald wir merken, dass der Geist vom Hauptfokus unserer Aufmerksamkeit abgeschweift ist, wie es zwangsläufig immer wieder geschieht – ob wir nun den Atem besonders herausstellen oder verschiedene Körperempfindungen, ein Gefühl für den Körper als Ganzes oder das Sehen, Hören, Fühlen oder auch den Strom des Denkens, auf was auch immer wir achten –, dann nehmen wir, ohne es zu be- oder verurteilen, einfach das zur Kenntnis, was uns in dem Moment im Kopf herumgeht, wenn wir uns an den ursprünglichen Fokus unserer Aufmerksamkeit, beispielsweise den Atem, erinnern und realisieren, dass wir seit einer Weile nicht mit ihm in Kontakt waren.

46
Einfach aufmerksam

Wir bemerken, dass die Erkenntnis, nicht mehr beim Atem zu sein, an sich Gewahrsein ist, und so sind wir schon in den gegenwärtigen Moment zurückgekehrt. Wichtig: Wir müssen das, was auch immer den Geist im vorhergehenden Moment beschäftigt hat, nicht vertreiben oder wegschieben, wir müssen uns noch nicht einmal daran erinnern. Wir gestatten einfach dem Atem, erneut seinen Platz als dem Hauptobjekt unserer Aufmerksamkeit einzunehmen, zumal er zu keiner Zeit nicht hier war und er uns genau in diesem Moment zugänglich ist, ebenso wie in jedem anderen.

47

Verführerische Vermehrung

Unsere Gedanken und Gefühle kommen und gehen zu sehen ist äußerst schwierig, weil sie sich so wild vermehren und weil sie, obgleich immateriell und flüchtig, so verführerisch sind.

48

Sind Gedanken wahr?

Gewöhnlich hängen wir sehr an unseren Gedanken und Gefühlen, wie auch immer sie beschaffen sind, und identifizieren uns mit ihnen, ohne sie zu hinterfragen, als seien sie die Wahrheit. Wir erkennen kaum jemals, dass Gedanken und Gefühle eigentlich eigenständige Ereignisse innerhalb des Feldes des Gewahrseins sind, winzige und flüchtige Vorkommnisse im Geist, die normalerweise zumindest ein bisschen, wenn nicht sogar äußerst fehlerhaft und unzuverlässig sind.

Vielleicht fürchten wir,
weniger zu sein, als wir glauben,
obwohl wir doch in Wirklichkeit
viel, viel mehr sind.

49

Ichbezogen

Unseren Gedanken mag vielleicht hin und wieder ein gewisser Grad an Relevanz und Korrektheit zukommen; oft sind sie jedoch zumindest ein bisschen verzerrt durch unsere ichbezogenen und eigennützigen Neigungen, unseren Ehrgeiz, unsere Abneigungen und unsere vorrangige Neigung, von beidem nichts zu wissen oder davon getäuscht zu werden.

50

Rehabilitierung

Die Rehabilitierung des Körpers – im dem Sinne, ihn ganz zu bewohnen und Vertrautheit mit ihm zu kultivieren, so wie er ist, wie auch immer er sein mag – ist ein universelles Merkmal der Achtsamkeitspraxis und des achtsamen Yoga. Da es wenig zweckmäßig ist, Körper und Geist als getrennt zu betrachten, sprechen wir zwangsläufig von der Rehabilitierung unseres ganzen Seins und der Verwirklichung unserer Ganzheit – Augenblick für Augenblick, Schritt für Schritt, Atemzug für Atemzug, wie immer dort beginnend, wo wir jetzt sind.

51

Das Gewahrsein an sich

Das Wichtigste sind nicht die Objekte unserer Aufmerksamkeit, sondern es ist das Gewahrsein an sich. Können wir im Gewahrsein an sich verweilen, das Gewahrsein selbst sein, die Eigenschaft unseres eigenen Geistes sein, die sofort um jede Bewegung in sich weiß, um jedes Auftauchen eines Gedankens oder Gefühls, einer Vorstellung, einer Meinung, eines Urteils, eines Verlangens? Im Gewahrsein kann jeder Gedanke gesehen und erkannt werden. Sein Inhalt ist als das, was er ist, sichtbar und erkennbar. Sein emotionaler Gehalt ist als das, was er ist, sichtbar und erkennbar.

52

Seifenblasen

Und das ist alles. Wir rühren uns nicht, um den Gedanken zu verfolgen oder zu unterdrücken, ihn festzuhalten oder wegzuschieben. Alles, was aufscheint, wird lediglich gesehen und zur Kenntnis genommen, erkannt, wenn Sie so wollen, und auf diese Weise vom Gewahrsein selbst „berührt" – dadurch, dass es sofort als Gedanke registriert wird. Und in dieser Berührung, in diesem Wissen, in diesem Sehen löst sich der Gedanke auf, verschwindet, platzt sofort, wie eine Seifenblase, die mit dem Finger berührt wird. Man könnte wie die Tibeter sagen, dass sich der Gedanke, wie auch immer er ist, in diesem Moment der Erkenntnis selbst befreit.

53
Wellen

Alle Gedanken sind Ereignisse. Sie entstehen und vergehen in der Weite des Gewahrseinsfeldes selbst, ohne dass wir uns bemühen, ohne dass wir es beabsichtigen, ebenso wie die Wellen des Ozeans für einen Moment aufwogen, um dann wieder in den Ozean selbst zurückzufallen, ihre Identität, ihr momentanes relatives „Selbst-Sein" zu verlieren und zu ihrer undifferenzierten Wassernatur zurückzukehren. Das Gewahrsein verrichtet die ganze Arbeit. Wir haben nichts anderes getan, als es zu unterlassen, den Gedanken in irgendeiner Weise zu nähren – dies würde lediglich bewirken, dass er einen weiteren Gedanken, eine Welle, eine weitere Schaumblase auslöst.

Irgendwann in der Zukunft
irgendwo an einem erstrebenswerteren
Ort anzukommen ist eine Illusion.
Dies ist es.

54
Eine wechselseitige Befreiung

Durch konsequentes Praktizieren erkennen wir allmählich, dass wir in unserem Sein verweilen können, ohne uns so häufig in unsere Gedanken und Gefühle verstricken zu lassen. Unser Reden und Handeln, selbst die Art und Weise, wie wir in unserem Körper sind, und der Ausdruck auf unserem Gesicht sind nicht mehr so eng an unsere Gedanken gekoppelt. Denn wir sehen von Augenblick zu Augenblick klarer, so dass wir immer mehr unkluge, reaktive, selbstsüchtige, aggressive oder furchtsame Impulse loslassen können und sie uns ihrerseits dadurch, dass wir sie erkennen, loslassen. Es handelt sich hier also um eine wechselseitige Befreiung, wenn wir sehen und erkennen, dass unsere Gedanken nur Gedanken sind, nicht die Wahrheit der Dinge und ganz gewiss keine korrekten Repräsentationen dessen, wer wir sind. Indem sie gesehen und erkannt werden, müssen sie sich zwangsläufig selbst befreien, und wir sind im selben Moment von ihnen befreit.

55

Es geschieht bereits

Machen Sie einmal den Versuch und sehen Sie, ob Sie hier im reinen Gewahrsein des Hörens sein können – indem Sie sich immer wieder dem Hören hingeben, wieder und wieder, das immer stattfindet, ohne dass Sie irgendetwas tun oder sich überhaupt bemühen müssten … indem Sie sich für die Klänge und die Zwischenräume zwischen ihnen öffnen, und für die Stille, die in, unterhalb von und zwischen allen Klängen liegt.

56

Sein

Bei der Praxis geht es nicht darum, etwas zu tun oder „richtig zu machen“. Es geht um das Sein – und um das Wissen, zu sein, einschließlich des Wissens, nicht zu wissen.

57

Sich bessere Erfahrungen wünschen

Wenn wir nicht dazu in der Lage sind, sanft uns selbst gegenüber zu sein und uns und die Erfahrungen, die wir machen, anzunehmen, wenn wir stets eine andere, bessere Erfahrung haben wollen, um uns selbst oder andere davon zu überzeugen, dass wir „Fortschritte machen" oder ein besserer Mensch werden, dann sollten wir vielleicht darüber nachdenken, warum wir eigentlich praktizieren. Möglicherweise wäre es klüger und mitfühlender, die Praxis aufzugeben, statt sie zu einem weiteren Tun oder Bestreben zu machen.

58

Nicht gewillt

Andernfalls erzeugen wir mit Sicherheit großen Stress und Schmerz für uns selbst und werden letztendlich die Meditation beschuldigen, nicht zu „funktionieren“, obwohl es vielleicht richtiger wäre zu sagen, dass wir nicht gewillt waren, so mit den Dingen zu arbeiten, wie wir sie vorfanden.

Sanftmut ist kein Luxus, sondern
eine entscheidende Voraussetzung,
um zur Besinnung zu kommen.

59

Annehmen und Mitgefühl

Der Boden der Praxis erfordert den Dünger tiefen Sich-selbst-Annehmens und Mitgefühls mit sich selbst. Härte und Streben haben letztendlich nur Unbewusstheit und Gefühllosigkeit zur Folge und fördern Zersplitterung ausgerechnet dann, wenn wir eine Gelegenheit haben zu erkennen, dass wir bereits in Ordnung, bereits heil sind.

60

Hindernisse sind Verbündete

Es gibt unendlich viele Dinge, die uns an der Praxis hindern. Dennoch verwandeln sich alle Hindernisse in Verbündete, wenn sie in Gewahrsein umarmt werden. Sie können die Praxis nähren und behindern sie nicht mehr, wenn wir sie als das erkennen, was sie sind, und ihnen erlauben, einfach Teil der Jetzt-Landschaft zu sein, denn – Wunder über Wunder – sie sind es bereits.

61

Leidenschaft

Die wichtigste Stütze für die Achtsamkeitspraxis ergibt sich aus der Qualität unserer Motivation. Keine noch so große Unterstützung von außen ersetzt eine ruhige, aber entschlossene Leidenschaft dafür, das Leben zu leben – jeden Moment davon –, als käme es wirklich darauf an, in dem Wissen, wie leicht wir große Teilbereiche an Unbewusstheit,an automatische Gewohnheiten sowie an unsere tiefe Konditionierung verlieren können. Darum ist es so wichtig zu praktizieren, als hinge unser Leben davon ab. Es ist nämlich so.

62

Zeit für sich selbst

Nur wenn Sie ahnen, dass Ihr Leben tatsächlich von Ihrer Praxis abhängt, werden Sie genügend Energie und Motivation aufbringen, um früher aufzustehen als sonst, damit Sie über etwas ungestörte Zeit für sich selbst verfügen – Zeit, einfach zu *sein*, eine Zeit außerhalb der Zeit; oder um eine Zeit für formelle Praxis zu einer anderen Tageszeit festzulegen, die günstiger für Sie ist, und selbst an Tagen zu praktizieren, an denen Sie sehr beschäftigt sind und Ihnen nicht danach zumute ist.

63

Informelle Praxis

Vor allem können wir zulassen, dass das Leben selbst die wirkliche Meditationspraxis wird, so dass eine Bereitschaft vorhanden ist, Achtsamkeit in jeden Augenblick einzubringen, ganz gleich, was wir gerade tun oder was geschieht. Obwohl wir dies als *informelle Praxis* bezeichnen, kann es sich nach einer Weile so anfühlen, als würde die Praxis uns ausüben und nicht wir die Praxis.

64

Lehrer

Letztendlich werden Sie feststellen: Wenn das Leben die wirkliche Meditationspraxis ist, dann werden alle und alles in Ihrem Leben zu Ihrem Lehrer, und jeder Augenblick, jedes Ereignis ist eine Gelegenheit, zu praktizieren und unter die Oberfläche des äußeren Scheins der Dinge zu blicken.

65

Wachheit

Alles fördert Wachheit, wenn wir nur bereit sind, uns wecken zu lassen, indem wir sanft, aber konsequent durch unsere Sinne Verbindung dazu aufnehmen. Alles. Es erfordert jedoch ein mutiges Herz und einen Geist, der die Torheit sieht, die im Anhaften liegt … im Anhaften an irgendetwas.

Die Reichweite unseres Herzens auszudehnen
lässt uns in der Welt auf eine Art und Weise leben,
die größere Weisheit und größeres Mitgefühl verkörpert,
liebende Güte und Gelassenheit
und schließlich die Freude,
die darin liegt, lebendig zu sein.

66

Sich arrangieren

Heilung bedeutet, dass wir uns mit den Dingen, so wie sie sind, arrangieren und uns nicht abmühen, um sie zu zwingen, so zu sein, wie sie früher waren oder wie wir sie gerne hätten, damit wir uns sicher fühlen oder damit wir das erhalten, was wir manchmal als unseren eigenen Willen ansehen.

67

Bewohnter Körper

Es ist sinnvoll, den Geist darin zu trainieren, den Körper zu bewohnen, damit unsere Erfahrung, lebendig zu sein, auch vom Körper gemacht wird, ihn einschließt, nicht als ein festgefügter Zustand, sondern als ein lebendiger, sich Augenblick für Augenblick fortwährend entfaltender Strom. Dann wird der Körper zu unserem Verbündeten und hilft uns zu verstehen, was wir wirklich fühlen und empfinden.

68

Sich selbst denken hören

Wenn wir anfangs versuchen, uns für Stille und Ruhe zu öffnen, ist es ganz erstaunlich: Alles, was geschieht, ist, dass wir uns selbst denken hören, und das kann lauter, störender und ablenkender sein als jeder äußere Lärm.

69

Freiheit

Wenn wir ihm keine Aufmerksamkeit zukommen lassen, steuert das Denken unser Leben, und wir wissen es noch nicht einmal. Wenn wir hingegen mit achtsamem Gewahrsein darauf achten, haben wir nicht nur die Chance, uns selbst besser zu kennen und zu sehen, was uns im Kopf herumgeht, sondern auch, unseren Gedanken anders zu begegnen, mit größerer Weisheit, damit sie nicht mehr unser Leben regieren.

70

Annehmen, was ist

Akzeptanz ist beim besten Willen nicht gleichbedeutend mit passiver Resignation, ganz im Gegenteil: Es erfordert enorme Tapferkeit und Motivation, das anzunehmen, was ist – besonders dann, wenn es uns nicht gefällt –, und dann so achtsam wie irgend möglich mit den Umständen, in denen wir uns befinden, und mit den Ressourcen, die uns zur Verfügung stehen, zu arbeiten, um in kluger Beziehung zu dem, was ist, zu stehen. An einem bestimmten Punkt bedeutet das vielleicht, dass wir handeln, um zu mildern, zu heilen, neu auszurichten oder zu ändern, was sich ändern lässt.

Wenn das Gewahrsein die Sinne umfasst,
belebt es sie.

71

Umschwung im Bewusstsein

Wenn wir uns eine weisere und genauere Art zu eigen machen, das, was ist, zu sehen, zu erkennen und anzunehmen, hat das, was ist, schon eine andere Dynamik. Sehr interessante Veränderungen folgen tendenziell auf einen solchen Umschwung des Bewusstseins.

72

Das untreue Ja

Wenn wir zu so vielen Dingen „Ja“ sagen, dass wir für sie nicht mehr mit Integrität und Gelassenheit präsent sein können, heißt dies in der Tat, dass wir „Nein“ sagen zu all jenen Dingen und Menschen und Orten, zu denen wir bereits „Ja“ gesagt haben – unser eigenes Wohlbefinden möglicherweise eingeschlossen.

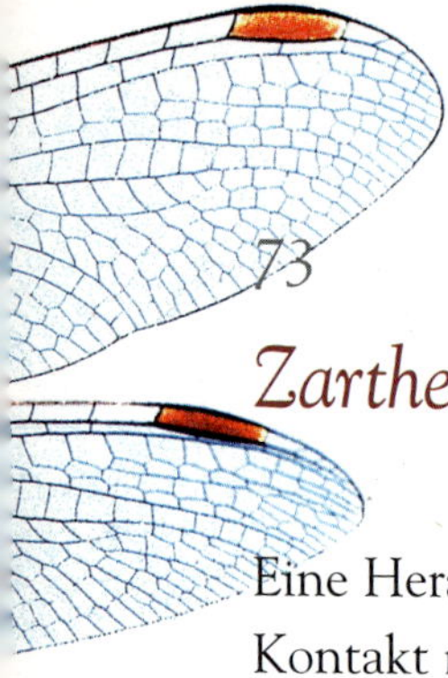

73

Zartheit und Respekt

Eine Herausforderung des achtsamen Lebens besteht darin, in Kontakt mit den natürlichen Rhythmen unseres eigenen sich entfaltenden Lebens zu sein, selbst wenn wir mitunter das Gefühl haben, dass wir uns weit von ihnen entfernt oder ganz den Kontakt zu ihnen verloren haben, und feststellen, dass wir wieder ganz von neuem auf diese inneren Kadenzen und Rufe hören müssen, mit großer Zartheit und großem Respekt.

74

An der eigenen Tür ankommen

In jedem Augenblick kommen wir an unserer eigenen Tür an. In jedem Augenblick könnten wir sie öffnen. In jedem Augenblick könnten wir den Fremden wieder lieben, der wir selbst waren, der uns, wie es in dem Gedicht heißt, in- und auswendig kennt.

75

Sich im eigenen Körper niederlassen

Wie wäre es wohl, sich in Ihrem eigenen Körper niederzulassen, und sei es nur für ein paar Augenblicke am Ende des Tages, wenn Sie im Bett liegen oder wenn Sie einfach abends dasitzen, oder auch zu Beginn des Tages, noch vor dem Aufstehen?

76

Da sein, wo Sie sind

Wenn Sie duschen, prüfen Sie nach und sehen Sie, ob Sie tatsächlich in der Dusche sind. Sie könnten bereits bei der Arbeit in einer beruflichen Besprechung sein. Vielleicht ist die ganze Besprechung bei Ihnen in der Dusche.

Gewahrsein ist immanent
und unendlich verfügbar,
aber es ist getarnt, wie ein Waldtier.

77

Kein besserer Ort

Ob Sie sich zurücklehnen und die Wolken beobachten, dem Lied eines Vogels lauschen oder in einer sanften Brise baden, die Luft, die den Körper umgibt, spüren oder die von den Wänden einer Felsenschlucht abstrahlende Hitze fühlen oder auch das Spiel des Lichts auf einem Stein beobachten; oder ob Sie fühlen, wie die Nackenmuskeln sich anspannen, wenn Sie versuchen, bei Schneegestöber einen Parkplatz in der Innenstadt zu finden, und für eine Verabredung sowieso schon zu spät dran sind –, was auch immer sich Ihnen dort bietet, wo Sie sich befinden, in der Wildnis, in der Großstadt oder Vorstadt, in einer Besprechung mit Kollegen oder allein – warum ablehnen, wo Sie sind? Warum anderswo nach Anregung, Unterhaltung oder Zerstreuung suchen, wo doch das Leben sich stets hier und jetzt entfaltet und es keinen besseren Ort und keine andere Zeit gibt?

78

Ohne Filter

Einen bestimmten Ort unmittelbar zu erfahren ist nur möglich, wenn Sie es schaffen, ohne Ihre üblichen Filter präsent zu sein. Andernfalls befinden Sie sich womöglich nur in Ihrem Konzept oder Ihrer Vorstellung eines Ortes, sei es Ihr Zuhause, Ihr Arbeitsplatz oder auch ein exotisches Urlaubsziel. Diese Postkarte aus der Ferne passt sehr gut dazu: „*Ich amüsiere mich großartig. Ich wünschte, ich wäre hier.*“ Aber Sie sind es doch! Sie sind es!

79
Sich wandelnde Voraussetzungen

Wir könnten sagen, dass das grundlegende Wesen des Wassers, seine wahre Natur, H_2O ist. Abhängig von sich wandelnden Voraussetzungen kann Wasser sich in verschiedenen Aggregatzuständen zeigen: gefroren, flüssig oder gasförmig. In jedem dieser Zustände sind seine Eigenschaften, seine äußere Erscheinung und die Art, wie es sich anfühlt, jeweils unterschiedlich, und es verhält sich in der Welt anders. Dasselbe gilt für den Geist und den Körper.

80

Stress

Geist und Körper können ebenfalls etwas durchlaufen, das sich wie Aggregatzustände anfühlt, wenn sich die Voraussetzungen ändern. Die sich wandelnden Voraussetzungen können Druck der einen oder anderen Art erzeugen oder ihn verringern. Sie können die Dinge emotional, kognitiv, somatisch, spirituell aufheizen oder sie abkühlen. Wir bezeichnen diese diversen sich wandelnden Voraussetzungen, die es erforderlich machen, dass wir uns auf irgendeine Weise anpassen, als „Stressfaktoren", und wir bewerten unsere Erfahrungen mit solchen Veränderungen, besonders dann, wenn wir auf sie nicht mit Anpassung reagieren können, als „Stress".

81

Ausgedehntheit

Manchmal, wenn die Bedingungen so sind, dass wir uns nicht dem Druck des Lebens ausgesetzt fühlen, und die Dinge sich auch nicht so anfühlen, als würden sie uns bis zum Siedepunkt erhitzen oder uns bis zur Starre zum Gefrieren bringen, kann der Geist sehr ausgedehnt sein, wie ein Gas, das sich unendlich ausbreitet und alles in sich aufnimmt, was in ihm vorkommt, oder wie Wasser, das frei und ungehindert über Felsbrocken und andere Hindernisse auf unserem Weg hinweg oder um sie herum fließt.

Nur vertrauen.
Flattern die Blätter
nicht einfach so nach unten?

82

Wahre Natur

Wenn wir sagen können, dass das Gewahrsein an sich in gewissem Sinne unsere wahre Natur ist, dann kann das Verweilen im Gewahrsein uns davon befreien, in irgendeinem Zustand des Körpers oder des Geistes, eines Gedankens oder einer Emotion stecken zu bleiben, ganz gleich, wie schlimm die Umstände sind oder zu sein scheinen. Wenn wir uns jedoch zum Beispiel im Eis eingeschlossen fühlen, halten wir Wasser noch nicht einmal für möglich und wir erinnern uns auch nicht daran, dass unsere wahre Natur jenseits jeglicher Form ist, die sie annehmen kann.

83

Wieder freikommen

Eines ist so gut wie sicher: Wir werden kurzfristig immer wieder stecken bleiben, ganz gleich was wir denken oder tun. Immer wieder stecken zu bleiben ist jedoch auch nichts anderes als Praxis, solange wir bereit sind, es zu sehen und damit zu arbeiten, indem wir kontinuierlich loslassen und uns selbst kontinuierlich mit Güte behandeln.

84

„Wie es sein soll“

Je mehr alles nach „unserem Kopf“ geht, desto mehr können wir glauben, dies sei die Art und Weise, wie es sein soll. Und wenn die Dinge nicht nach unserem Willen verlaufen, was früher oder später zwangsläufig geschieht, können wir wütend werden, enttäuscht, deprimiert, am Boden zerstört – und dabei vergessen, dass es niemals überhaupt irgendwie „sein sollte“.

85

Tod und Leben

Der Tod ist genau genommen genetisch in das Leben einprogrammiert. Viele unserer völlig gesunden Zellen müssen sterben, damit der Organismus insgesamt wachsen und sich selbst optimieren kann. Dieser selektive Zelltod vollzieht sich bereits, wenn unsere Gliedmaßen und unser Organsystem sich in der Gebärmutter entwickeln, und dieses Sterben bestimmter Zellen setzt sich während unseres Lebens fort. In der Tat ist es sogar absolut lebensnotwendig, dass viele unserer Zellen sterben und wissen, wann es an der Zeit ist, dies zu tun. Wir sterben tagtäglich ein bisschen, so wie wir jeden Tag ein bisschen geboren werden.

„Nur der Tag bricht an,
für den wir wach sind."

Thoreau, Walden

86

Vom Tod wissen

In jeweils unterschiedlich bemessenen Zeitabläufen leben all unsere Zellen eine Weile und sterben dann, um von neuen Zellen ersetzt zu werden. Das gilt für unsere Haut, für die Auskleidung unseres Magen-Darm-Trakts, für Muskel- und Nervenzellen, für Blutzellen, für unsere Knochen. Es kommt sowohl zu einer Neubildung als auch zu einer Auflösung von Form. Ohne Auflösung kann es keine Neubildung oder kein Werden geben. Vielleicht versuchen unsere Zellen uns sogar mitzuteilen, dass der Tod gar keine so schlimme Sache ist, nichts, vor dem man sich fürchten müsste. Vielleicht ist die Tatsache, dass wir vom Tod wissen und vorhersagen können, dass er unvermeidlich ist, ohne jedoch zu wissen, wann er eintritt, ein Ansporn für uns, zu unserem Leben zu erwachen, es zu leben, solange wir können, in vollen Zügen, leidenschaftlich, weise, liebevoll, voll Freude.

87

Zeitlos

Indem wir für die Vergangenheit sterben, für die Zukunft sterben, für „ich“, „mich“ und „mein“ sterben, spüren wir die Essenz des Geistes, die an sich leer ist von jeglichem Selbst-Konzept, von jeglichem Konzept, von allem Denken; sie ist nur das innere Potential, dem jedes Denken und jede Emotion entspringt. Dieses Spüren, dieses Wissen, ist hier und in der Zeitlosigkeit dieses Jetzt-Moments pulsierend lebendig, ewig.

88

Wieder eingliedern

An unserer eigenen Tür anzukommen bedeutet, dass wir uns an das erinnern, uns das (wieder) zurückgewinnen, was wir schon sind und allzu lange übersehen haben, da wir scheinbar immer weiter von zu Hause fortgetragen wurden – in Wirklichkeit jedoch niemals weiter als dieser Atemzug, dieser Moment.

89

In diesem Jetzt erwachen

Die Zeit wird kommen, versichert der Dichter. Ja, die Zeit wird kommen, aber wollen wir, dass wir erst auf unserem Sterbebett zu dem erwachen, wer und was wir wirklich sind – was, wie Thoreau vorausgesehen hat, nur zu leicht geschehen kann? Oder kann diese Zeit die jetzige Zeit sein, genau jetzt, da, wo wir sind, so, wie wir sind?

Denn was sonst bleibt uns letztendlich zu tun übrig?
Wie sonst könnten wir letztendlich frei sein?
Wie sonst könnten wir letztendlich sein,
wer wir schon sind?

90

Zur Besinnung kommen

Die Zeit wird kommen, ja, aber nur, wenn wir uns selbst dem Erwachen überantworten, dem Zur-Besinnung-Kommen, wenn wir die volle Kapazität unseres traurig vernachlässigten, unerforschten Geistes und Herzens kultivieren. Sie kommt nur, wenn wir die Ketten unserer roboterhaften Konditionierung wahrzunehmen vermögen, insbesondere unsere emotionale Konditionierung und unsere Sicht dessen, wer wir zu sein glauben, unser eigenes Bild vom Spiegel ablösen; wenn wir wahrnehmen, sehen, was es hier zu sehen gibt, wenn wir hören, was es hier zu hören gibt, und beobachten, wie die Ketten sich in diesem

Sehen und in diesem Hören auflösen, während wir zu unserer größeren ursprünglichen Schönheit zurückkehren, uns selbst an unserer eigenen Tür begrüßen, den Fremden, der wir selbst waren, wieder lieben.

91

Uns selbst lieben

Können wir die anderen berücksichtigen? Können wir mitfühlend sein? Dies sind die Herausforderungen, die sich uns stellen, wenn es um die äußere Welt geht, ebenso wie in der inneren Welt unseres eigenen Geistes und Herzens. Dass sie sich gegenseitig widerspiegeln, bietet uns unendliche Gelegenheiten, beide zu formen und von ihnen geformt zu werden. Vielleicht liegt auch hier für uns als Gesellschaft und Nation jede Möglichkeit, uns selbst an unserer eigenen Tür zu begrüßen und den Fremden wieder zu lieben, der wir selbst waren.

92

Letzte Grenze

Die letzte Grenze für uns sind weder Ozean noch äußerer Raum, so interessant und verlockend sie auch sein mögen. Die letzte, bedeutendste Grenze ist der menschliche Geist; sie besteht darin, uns selbst zu kennen, und zwar – was am wichtigsten ist – von innen! Die letzte Grenze ist unser eigenes Bewusstsein.

93

Das Objektiv wechseln

Die Herausforderung, uns selbst zu kennen, ist eine Einladung, das Objektiv zu wechseln, mit einem Umschwenken im Bewusstsein zu experimentieren, das vielleicht so groß wie die Welt ist, gleichzeitig aber auch so nah wie dieser Augenblick und dieser Atem in diesem Körper, in diesem Geist und diesem Herzen, das ich und wir alle in das einbringen, was ich die Jetzt-Landschaft nenne.

94

Eine entscheidende Wende

Wir sind am Höhepunkt eines einzigartigen Moments in der Geschichte angelangt, einem Punkt, an dem die Dinge sich so weit entwickelt haben, dass sie umschlagen und eine entscheidende Wende bewirken. Die Zeit, in der wir uns befinden, bietet einmalige Gelegenheiten, die mit jedem Atemzug ergriffen und genutzt werden können. Und das kann nur auf eine Art geschehen, nämlich dadurch, dass wir in unserem Leben, das sich hier und jetzt entfaltet, unsere tiefsten Werte und unser Verständnis dessen, was am wichtigsten ist, verkörpern – und es miteinander teilen, im Vertrauen darauf, dass solche verkörperten Handlungen, selbst im Kleinen, die Welt mit der Zeit mit sich führen werden, hin zu größerer Weisheit, Gesundheit und geistiger Klarheit.

95

Zeuge sein

Gandhi wusste es. Martin Luther King wusste es. Johanna von Orléans wusste es. Alle drei versetzten Berge mit ihrer Überzeugung und alle drei bezahlten dafür mit ihrem Leben, was nur dazu beitrug, die Berge noch weiter zu versetzen. Sie vertraten das, was sie wirklich zu hundert Prozent wussten, und sie standen dahinter. Und sie wussten es mit ihrem Herzen mindestens ebenso sehr wie mit ihrem Kopf. Es ist nichts Passives daran, auf diese Weise Stellung zu beziehen.

Einfach Zeuge sein ändert alles.

96

Die Welt wird sich verändern

Wir müssen nicht unbedingt unser Leben hingeben, um Ungerechtigkeit und Leiden zu bezeugen. Je mehr das Bezeugen, während wir mit offenem Herzen in Gewahrsein verweilen, für uns alle zu einer Art zu leben wird, desto mehr wird sich die Welt verändern, denn die Welt ist nichts anderes als wir selbst. Doch das ist – meistens – ein langer, langsamer Prozess, die Arbeit von Generationen. Und doch wird hin und wieder an einem bestimmten Punkt, der noch einen Augenblick zuvor nicht vorherzusehen war, eine entscheidende Wende erreicht. Und dann verändern sich die Dinge, schwenken um, werden transformiert – und zwar sehr schnell.

97

Nichts Absolutes

Je mehr wir sagen oder denken, wir wüssten mit absoluter Sicherheit, was richtig ist, desto wahrscheinlicher ist es, dass wir es glauben. Es wird zu einem weiteren unhinterfragten Konstrukt des Geistes und somit zu einem Hemmnis für die Freiheit, die Ehrlichkeit und die echte ethische Grundhaltung, die wir bei anderen befürworten und von der wir behaupten, sie zu leben und uns über sie zu freuen. Es ist einfach spürbar, wie gefährlich ein solches Denken ist, insbesondere wenn wir uns dessen nicht bewusst sind, denn genau dasselbe fühlen alle, ganz gleich, welche Position sie in der betreffenden Frage einnehmen: „Ich habe Recht und die anderen haben Unrecht." „Ich weiß, was richtig ist, und sie nicht." „Was haben die bloß?" Dann beginnen wir, Beweggründe zu unterstellen. Und schon geraten wir in Schwierigkeiten.

98

Die Perspektive der anderen verstehen

Achtsamer Dialog lädt zu echtem Zuhören ein und echtes Zuhören erweitert unsere Möglichkeiten, zu wissen und zu verstehen. Letztendlich steigert er das Gespräch und erhöht die Wahrscheinlichkeit, dass wir nach und nach dadurch lernen und wachsen, dass wir die Perspektive der anderen verstehen und nicht nur unsere eigenen Standpunkte erhärten und all diejenigen automatisch über einen Kamm scheren, die nicht mit uns übereinstimmen.

99

Befreiung

Bei der Achtsamkeit geht es im Grunde um Freiheit. Sie ist zuallererst eine befreiende Praxis. Sie ist eine Art zu sein, die uns unser Leben und unser Glück, hier und jetzt, zurückgibt; sie entwindet beides den Klauen der Unbewusstheit und der Gewohnheiten der Unaufmerksamkeit und des Schlafwandelns, die uns auf Arten gefangen zu setzen drohen, die letztendlich ebenso schmerzvoll sein können wie der Verlust unserer äußeren Freiheiten. Sie befreit uns beispielsweise davon, dass wir fortwährend dieselben unklugen Entscheidungen treffen, wo doch die Konsequenzen uns direkt ins Auge springen und wir sie verstehen könnten, würden wir nur wirklich hinschauen.

100

Demokratie

Achtsamkeit kann ein natürlicher Katalysator zum Vertiefen und Erweitern der Demokratie sein; einer Demokratie, in der Freiheit nicht nur durch Rhetorik, Gesetze und Institutionen und deren Umsetzung in der Praxis verkörpert wird – so wichtig das auch sein mag –, sondern auch durch unsere mühsam erworbene Weisheit und unser Mitgefühl als individuelle Bürger. Frieden und Glück sind keine Güter, die erworben oder uns übertragen werden, sondern Eigenschaften, die wir verkörpern und leben müssen. Sie können nur in der Praxis verkörpert und gelebt werden, nicht durch das bloße Verkünden von Prinzipien, wie erhaben sie auch sein mögen.

101

Ungesunde Welt

Sind andere nicht frei, dann können auch wir in sehr realem Sinne nicht vollkommen frei oder im Frieden sein, ebenso wenig, wie wir in einer ungesunden Welt vollkommen gesund sein können.

„Die wahre Entdeckungsreise besteht nicht darin,
neue Landschaften zu suchen,
sondern mit neuen Augen zu sehen.“

MARCEL PROUST

102

Das Unterbrechen der Zerstreuung

Vielleicht ist es an der Zeit, das Unterbrechen der Zerstreuung zu einer Lebensart zu machen. Stellen Sie sich vor, wie gesund dies für uns persönlich und für die Welt insgesamt sein könnte. Wir würden vielleicht wirklich Frieden kennenlernen, denn wir wären friedvoll. Nicht naiv, nicht schwach, nicht machtlos, sondern wahrhaft mächtig; wir würden Frieden verkörpern und wertschätzen, in unserer wahren Stärke, in unserer wahren Weisheit.

103

Stille ist Gebet

Wenn ein Verlust uns sehr traurig macht und großen Kummer in uns hervorruft, kommt nach dem Jammern, den Tränen und dem Haare-Ausraufen die Zeit, in der wir still werden müssen. Stille ist das äußerste Gebet.

104

Innehalten

Wir bezeichnen einen Moment der Stille als ein Innehalten. Wie treffend! Es ist ein Moment des reinen Seins. Es ist auch eine Zustimmung zu etwas tief in uns, das wir nur kurz berühren, um sofort davor zurückzuschrecken, möglicherweise aus Unbehagen oder einfach deswegen, weil es ungewohnt ist. Es ist ein Bezeugen. In diesem Bezeugen tragen wir nicht nur unsere Last besser, sondern wir demonstrieren, dass wir größer sind als sie, dass wir fähig sind, sie zu tragen, sie zu ehren und einen Kontext für sie und für uns herzustellen und über sie hinauszuwachsen, ohne jemals zu vergessen.

105

Weckruf

Die Glocke der Achtsamkeit läutet in jedem Moment und fordert uns auf, zur Besinnung zu kommen. Sie ruft uns in Erinnerung, dass wir zu unserem Leben erwachen können, jetzt, da wir es leben müssen.

106

Wechselseitige Verbundenheit

Wir Menschen sind alle miteinander verbunden. Wie wir uns gegenseitig behandeln, spielt eine Rolle für die Gesundheit und das Wohlergehen, vielleicht sogar für das Überleben von uns allen als Spezies, nicht in unbestimmter Zukunft, sondern genau in diesem Moment. Güte ist die natürliche Antwort darauf, wechselseitige Verbundenheit erkannt zu haben. Und in dieser Güte liegt wahre Weisheit.

107

Uns unseren Namen aneignen

Vielleicht ist es Zeit, dass wir uns wirklich den Namen aneignen, den wir uns als Gattung gegeben haben: *Homo sapiens sapiens – die Spezies, die weiß und sich dessen bewusst ist, dass sie weiß*; dass wir uns unser Empfindungsvermögen aneignen und im wörtlichen und metaphorischen Sinn zu unseren Sinnen finden, solange noch Zeit ist.

108

Alles andere ergibt sich

Was auf dem Spiel steht, ist nichts anderes als unser Herz, unsere Menschlichkeit, unsere Spezies und unsere Welt. Was uns zugänglich ist, ist das gesamte Spektrum dessen, wer und was wir sind. Was erforderlich ist, ist nichts Besonderes: nur dass wir beginnen, aufmerksam zu sein und zu den Dingen, wie sie sind, zu erwachen. Alles andere wird sich ergeben.

Dank

Mein Dank gilt Hor Tuck Loon aus Malaysia, einem Dharma-Freund, den ich hoffentlich noch persönlich kennenlernen werde, für das Konzept, das Design und die Umsetzung dieses Buches.

Weiterhin bin ich Zareen Jaffery von Hyperion dafür zu Dank verpflichtet, dass sie sich bei diesem Projekt so enthusiastisch des Lektorats angenommen und es so gewissenhaft und mit stets gleichbleibender Freundlichkeit zur Vollendung geführt hat.

Zu guter Letzt danke ich Bob Miller von Hyperion für seine Anregung, dieses Format zu wählen, und für seine Freundschaft und Kollegialität über die langen Jahre hinweg, in denen wir nun schon durch Bücher, das Leben und die Liebe verbunden sind.

JON KABAT-ZINN

August 2007

Jon Kabat-Zinn

Jon Kabat-Zinn ist Gründer der *Stress Reduction Clinic*, des *Instituts für Achtsamkeit in Medizin, Gesundheitsvorsorge und Gesellschaft* und Professor emeritus der Medizin an der Universität von Massachusetts. Seit mehr als 25 Jahren gilt er als Pionier der Ganzheitsmedizin, und sein Programm zur Praxis der Achtsamkeit im Gesundheitswesen, kurz *MBSR (Mindfulness Based Stress Reduction)*, wird mittlerweile in vielen Ländern der Welt erfolgreich praktiziert.

http://www.umassmed.edu/cfm
http://www.mbsr-deutschland.de

Bildnachweise

Seite 10: © 2009 Maria Rafaela Schulze-Vorberg **Seite 22:** © 2009 mrembo | photocase.com **Seite 25:** © 2009 Maria Rafaela Schulze-Vorberg **Seite 30:** © 2009 emma75 | photocase.com **Seite 33:** © 2009 Maria Rafaela Schulze-Vorberg **Seite 37:** © 2009 huibuh | photocase.com **Seite 38:** © 2009 Maria Rafaela Schulze-Vorberg **Seite 41:** © 2009 Gerti G. | photocase.com **Seite 49:** © 2009 Maria Rafaela Schulze-Vorberg **Seite 54:** © 2009 Gina Kühn, www.cherrytea.de | photocase.com **Seite 57:** © 2009 Maria Rafaela Schulze-Vorberg **Seite 60:** © 2009 Gerti G. | photocase.com **Seite 64:** © 2009 Maria Rafaela Schulze-Vorberg **Seite 67:** © 2009 cm11 | photocase.com **Seite 70:** © Erdbeertorte (Susanne Helmert) | photocase.com **Seite 72:** © 2009 Maria Rafaela Schulze-Vorberg **Seite 75:** © 2009 netcondition | photocase.com **Seite 78:** © 2009 Maria Rafaela Schulze-Vorberg **Seite 85:** © 2009 Maria Rafaela Schulze-Vorberg **Seite 86:** © 2009 gérald | photocase.com **Seite 91:** © 2009 sunshine | photocase.com **Seiten 93 – 99:** © 2009 Maria Rafaela Schulze-Vorberg **Seite 102:** © 2009 misterQM | photocase.com **Seiten 106 – 119:** © 2009 Maria Rafaela Schulze-Vorberg **Seite 120:** © 2009 Sarah Kasper | photocase.com **Seite 124:** © 2009 Klaus Ender **Seite 133:** Maria Rafaela Schulze-Vorberg **Seite 136:** © 2009 Allzweckjack | photocase.com **Seite 141:** Maria Rafaela Schulze-Vorberg **Seite 143:** © 2009 Gerti G. | photocase.com **Seite 148:** © 2009 jiokij | photocase.com

Weiterführende Literatur aus dem Arbor-Verlag

Jon Kabat-Zinn

Zur Besinnung kommen

Die Weisheit der Sinne und der Sinn der Achtsamkeit in einer aus den Fugen geratenen Welt

Unsere Gesundheit und unser Wohlergehen stehen auf dem Spiel, wenn es uns nicht gelingt, in dieser aus den Fugen geratenen Welt wieder zur Besinnung zu kommen, als Individuen und als menschliche Gemeinschaft. Dies ist die zentrale These des bekannten Verhaltensmediziners und Meditationslehrers Prof. Dr. Jon Kabat-Zinn, dessen Programm der „Stressbewältigung durch die Praxis der Achtsamkeit" (MBSR) weltweit in immer mehr Universitätskliniken, Krankenhäusern, Gesundheitszentren, aber auch in wirtschaftlichen und politischen Institutionen erfolgreich praktiziert wird.

Der Königsweg zu dieser Belebung der Weisheit der Sinne ist die Achtsamkeit. Ihre heilsame Kraft ist in der buddhistischen Meditationspraxis seit zweieinhalb Jahrtausenden erforscht, erprobt und angewendet worden. Dieses Buch zeigt, wie wir mit Hilfe dieser Praxis wieder zur Besinnung kommen und mit allen Sinnen zu einem gesunden und erfüllten Leben in der Gemeinschaft finden können.

ISBN 978-3-936855-17-3

Jon Kabat-Zinn

Bei sich selbst zuhause sein

Jon Kabat-Zinn wendet sich in den hier vorgelegten Meditationen der Weisheit unserer Sinne zu. Praxisnah und leicht anwendbar sind wir eingeladen, im Hier und Jetzt zu verweilen und dem Leben im Alltag Raum zu geben. Zudem lädt uns Jon Kabat-Zinn hier erstmals zu einer ausführlichen Metta-Meditation ein. Dieses Juwel der Achtsamkeitspraxis stellt die Herzensqualität der liebenden Güte in den Mittelpunkt und erlaubt uns, die Kraft des Herzens in uns selbst und im Kontakt mit anderen in einer tiefen Weise zu neuem Leben zu erwecken.
Gemeinsam mit der bereits erschienenen Doppel-CD „Achtsamkeit & Meditation im täglichen Leben" liegt nun erstmals das komplette Set der Meditationen vor, das Jon Kabat-Zinn in seinem aktuellen Standardwerk *Zur Besinnung kommen* vorstellt. Der deutsche Text wird von Heike Born gesprochen.

Halbleinen-Buch mit Doppel-CD, ISBN 978-3-936855-59-3

Gerne informieren wir Sie über unsere weiteren Veröffentlichungen. Schreiben Sie uns oder besuchen Sie uns im Internet unter:

www.arbor-verlag.de

Hier finden Sie umfangreiche Leseproben, aktuelle Informationen zu unseren Büchern und Veranstaltungen, Links und unseren Buchshop.

Arbor Verlag GmbH • D-79348 Freiamt
Tel. 0761. 401 409 30 • info@arbor-verlag.de

arbor